Chanoine BOYER

Aumônier Militaire

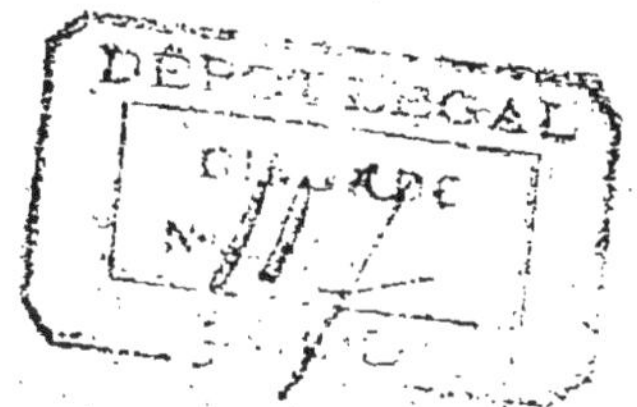

NOTICE HISTORIQUE

SUR LA

Commune et Paroisse de Cenon

BORDEAUX

Imprimerie A. BARTHÉLEMY

8bis, Rue des Frères-Bonie, 8bis

1909

Chanoine BOYER

Aumônier Militaire

NOTICE HISTORIQUE

SUR LA

Commune et Paroisse de Cenon

BORDEAUX

Imprimerie A. BARTHÉLEMY

8bis, Rue des Frères-Bonie, 8bis

1909

NOTICE HISTORIQUE

Commune et Paroisse de Cenon

PRÉFACE

J'ai dit souvent et je me plais à le répéter aujour-d'hui : Dieu m'a fait la grâce, en me donnant un grand âge, de conserver en moi les facultés qu'il est de mon devoir d'utiliser pour sa plus grande gloire. Il est vrai que mes jambes n'ont pas l'agilité d'autre-fois, mais elles ne sont pas utiles pour le travail que j'entreprends. Pour mes yeux, c'est une autre affaire; ils ont tant travaillé qu'ils me refusent à peu près tout service. Heureusement que j'ai l'aide d'un ami qui supplée à leur insuffisance, et c'est tranquille-ment assis dans mon fauteuil que je vais lui dicter mes pensées. Pour ce travail, mon esprit et mon cœur sont tout à ma disposition.

A qui consacrerai-je ce récit. Je ne puis mieux le dédier qu'à un bon curé que je connais de longue date. Il était, il y a 63 ans, dans une classe que je professais au Petit Séminaire. Je l'ai de suite appré-cié. Je l'ai suivi depuis lors avec une régularité qui m'a donné l'avantage de l'apprécier de plus en plus jusqu'à ce jour. Il est dans ce moment curé de la paroisse de Cenon, poste qu'il occupe depuis 41 ans.

Pendant les diverses phases de mon ministère pastoral, je le voyais, mais depuis 1878, par suite de nos relations très fréquentes, nos cœurs se sont serrés de plus en plus, et j'ai pu utiliser mon affection pour lui, en lui venant en aide pour seconder son zèle envers ses paroissiens.

Une circonstance solennelle m'a décidé à écrire une notice sur sa paroisse, d'une origine et d'une notoriété peu commune.

Son passé est à peu près inconnu. Puisque l'occasion se présente, je me propose de le faire connaître. J'ai puisé mes documents à bonne source : — dans les Archives de la Gironde et dans les notes de savants très connus. Je ne puis mettre un grand ordre dans mon récit, vu que ces notes n'étaient pas dans un ordre parfait. Telles qu'elles sont, elles donneront à mes lecteurs une idée exacte de ce que j'ai appelé un peu plus haut la notoriété de cette paroisse.

Veuillez donc, cher enfant, accepter la dédicace que votre vieil ami vous fait de cet opuscule. Vos paroissiens y verront ce qu'a été, et ce qu'est encore le champ que vous cultivez depuis de si nombreuses années ; ils admireront, avec reconnaissance, le zèle que vous déployez encore pour le salut des âmes, et ne douteront pas de vos dispositions pour travailler tant que Dieu vous laissera au milieu d'eux, à mener à bonne fin la mission qu'il vous a confiée.

A. BOYER.

I

Coup d'œil rétrospectif
sur la Paroisse de Cenon.

1º En 1789, dans quel diocèse se trouvait la paroisse de Cenon ?

Avant 1789 elle était dans le diocèse de Bordeaux, *dans l'Archiprêtré de l'Entre-deux-Mers* et dans le *canton de Fargues*.

Après 1789 elle est inscrite, avec la *Bastide* son annexe, dans le diocèse de *la Gironde* et sur la liste des paroisses du premier district de *Bordeaux*. (*Archives départementales*).

2º Quelles étaient ses limites ?... Elle portait le nom de Cenon-la-Bastide, et comprenait le territoire de ces deux paroisses, actuellement séparées.

Ses limites étaient, comme d'ailleurs aujourd'hui, du côté de Lormont, une ligne idéale partant de la Garonne vers l'est et allant rejoindre la route de St-André-de-Cubzac.

Du côté d'Artigues, un petit ruisseau et ce qu'on nomme actuellement le Chemin Rouge.

Du côté de Floirac, le chemin de Trégey, partant de la Garonne, continué par les routes de Bénauge et de Tresses.

Si l'on jette un regard sur une carte ancienne, on

ne voit aucune communication fixe établie devant Bordeaux entre les deux rives de la Garonne. On distingue, à la place qu'occupe (aujourd'hui) La Bastide, avec ses 20.000 habitants, à peine quelques habitations établies le long du fleuve. et surtout sur la route dite de *Bénauge*. De la Garonne au pied de la côte s'étendaient les Queyries, vastes marais. entrecoupés en tous sens de vastes fossés, dont les eaux débordaient à la moindre pluie sur les terres voisines. couvertes de vignobles et d'*aubarèdes*.

Un large Estey, qui s'emplissait d'eau à l'heure. des marées, les séparait de la colline, autrefois couronnée de cyprès, d'où son nom de *Cypressat*. Sauf huit ou neuf ils furent tous gelés par le rude hiver de 1704....

A propos de ces marais, *Léo Drouyn* dit que l'Archevêque de *Bordeaux* possédait un domaine important du côté de Trégey, il fut vendu le 16 Novembre 1790 comme bien national ; mais on ne trouva d'adjudicataire qu'au prix de 18.000 livres, parce que, dit le titre de vente, le terrain est d'ordinaire couvert par les eaux, ce *qui fait qu'il est presque sans valeur. (Archives départementales).*

Quant à l'Estey, pendant la guerre de la Fronde, le duc de Bouillon et le maréchal de la Meilleraye, qui étaient maîtres de Bordeaux, se fortifièrent sur les bords du fleuves, à la Bastide, et auraient voulu s'emparer de la côte de Cypressat, où étaient campés le cardinal Mazarin et les troupes du roi ; mais ils en furent empêchés par ce cours d'eau. grossi à l'heure des marées, et pour ce même motif, le Cardinal Mazarin, qui avait décidé l'attaque de la ville par La Bastide, y renonça et dirigea son armée vers Lormont et Bourg, où il traversa la Garonne, pour attaquer Bordeaux par St-Seurin, qui était alors hors de la Ville. Le Cardinal était devant l'Eglise de Cenon, contemplant Bordeaux, le 23 août 1650.

A propos de cet Estey et du Cypressat, on lit dans Beaurein :

Près du rocher de la colline, on voyait encore, au siècle dernier, des anneaux de fer, où les marins amarraient les navires, pour les mettre à l'abri des tempêtes et des vents d'ouest ; et c'était un usage des matelots étrangers de venir y prendre des bran_ches de cyprès comme preuve, dit Darnal, que les vins qu'ils avaient chargés sur leurs vaisseaux étaient des vins de Graves et du crû de Bordeaux ; c'était, de plus, un droit que les seigneurs de Rou-zan prélevaient sur les navires.

Cet usage de la branche de cyprès remonte à la plus haute antiquité. si l'on en croît un voyageur qui, sous Gallien, au IVe siècle, visita Bordeaux, et donna des détails très intéressants sur cette ville et ses monuments ; il dit à propos de Cenon :

« De l'autre côté du fleuve, sous l'ombre des cyprès, et auprès des blancs rochers de Cenon, le Druide, fier de voir l'étranger venir lui demander le rameau du départ, s'indigne pourtant d'un spectacle que ne virent pas ses pères ; il gémit et il lit déjà dans l'avenir l'édit impérial qui proscrira son culte et ses dieux ». (Mgr de Genode).

En 1789 cet estey avait à peu près disparu, sauf au court tronçon, *le Captaou*, qui existe encore et grossit à l'heure des marées.

Sur le sommet de la colline, on apercevait la tour basse et carrée de l'Eglise, datant du XIe siècle, avec ses fenêtres à plein cintre, à sa droite le presbytère avec sa belle terrasse, d'où la vue s'étendait sur la grande ville et quelques habitations perdues au milieu des bois touffus de la côte.

Cenon et La Bastide réunis ne comptaient que 700 habitants. Sur ce nombre, 500 faisaient leurs Pâques, c'est le chiffre indiqué par Allain dans les Pouillès du diocèse en 1772.

3° Etait-elle *une cure régulière,* ou *séculière,* ou *vicairerie perpétuelle ?*

Dans le pouillé des bénéfices, de Lopès, page 503, Cenon est cité dans la liste des cures entre St-Pierre de Quinsac et St-Martin de Montussan.

Elle était séculière, c'est-à-dire desservie non par un religieux, mais par un prêtre séculier.

4° Quel était le Patron, ecclésiastique ou laïque ?

Ecclésiastique. Les collateurs étaient, sans doute à tour de rôle, l'abbé de la grande Sauve et l'Archevêque de Bordeaux.

5° Existait-il quelque chapelle, ou communauté religieuse dans la paroisse ? Nos recherches, à cet égard, n'ont pas été en pure perte, comme on va le voir :

A. — Chapelle de Tregey, à la Bastide.

Sur la carte ancienne de Bordeaux, en 1450, on lit sur la rive droite, du côté de La Bastide, le mot : port de Trejeyt ; Trejeyt, du latin trajectus qui veut dire passage. C'est là, en effet, vis-à-vis le quai de la Grave, que s'effectuait le passsage de l'une à l'autre rive.

Léo Drouyn parle du port de Trejeyt et même d'une motte de terre fortifiée à l'entrée du port pour servir de protection aux habitants ou aux passagers ; les habitants ne jouissaient pas d'une trop bonne réputation, si on en juge par les plaintes adressées au roi d'Angleterre en 1387 par toutes les communes voisines, dont les récoltes étaient régulièrement pillées par eux.

A cette époque, il ne paraît pas qu'il y eut encore de chapelle, du moins il n'en est pas question. Elle ne figure que sur la carte de Bordeaux du XVIIe siè-cle. Là venaient prier ceux qui tentaient le passage de la rivière, ce qui n'était pas toujours sans danger pour les gabarres, à l'époque surtout des marées d'équinoxe. De plus, Léo Drouyn affirme que la Garonne avait alors une largeur double de celle d'aujourd'hui ; on l'a diminuée dans ce sens pour lui donner plus de profondeur en vue de la navigation.

Venaient aussi y prier les nombreux pèlerins qui, du nord de la France se dirigeaient vers St-Jacques de Compostelle : on connaît aux environs de Bordeaux plusieurs abris ou hôpitaux qui n'eurent pas d'autre origine, et enfin venaient y prier les habitants du quartier.

Depuis quand existait-elle ?

On l'ignore... Nous savons seulement qu'elle était très fréquentée en 1664, puisque, à cette date, il y eut une plainte du curé de Cenon adressée à Mgr l'Archevêque de Bordeaux, contre les habitants de Trégey, qui prétendaient ne plus venir à l'église paroissiale et faire dire des messes tous les jours indifféremment dans cette chapelle (archives départementales), ce que le voisinage de la ville rendait très facile, plus facile que ne l'aurait désiré le prêtre. Cette plainte porta-t-elle ses fruits ?

Cette chapelle avait, dit-on, été construite dans la propriété de M. Maubourguet, près de la route de Bénauge. Avait-elle été bâtie de ses deniers ou des dons des fidèles ?... Toujours est-il qu'elle fut considérée comme propriété de la fabrique de l'église de Cenon, et vendue comme bien national : Nous lisons, en effet, dans le répertoire des ventes (archives départementales) :

— Le cinq Prairial de l'an III, chapelle appartenant à la fabrique de Cenon, avec un append devant la porte de la chapelle, où les habitants de La Bastide faisaient dire des messes, les dimanches et les jours de fêtes, confrontant au Nord au chemin de la République, et au Midi, au chemin qui va de Bordeaux au Trégey : Mise en adjudication et adjugée 10,900 livres.

Cette chapelle fut détruite vers 1810 par l'acquéreur qui fit transporter à Cenon la statue de la Sainte Vierge qu'on vénérait dans son Annonciation.

Elle est dans notre sacristie, et n'a aucune valeur autre que le souvenir, tel est l'avis de M. Brutails, archiviste du département.

Il n'y eut, dès lors, plus de chapelle à La Bastide, mais en 1822 la construction du Pont ayant rendu plus faciles les rapports entre les deux rives, la population monta bientôt à 1,500 habitants ; on réclama une église, et M. Vergès la construisit en 1833. En 1842 elle était érigée en deuxième paroisse de la commune de Cenon et plus tard encore elle forma une nouvelle paroisse de la grande ville. Un peu plus tard La Bastide fut créée commune distincte.

B. — Le domaine de David, qui appartient actuellement à la famille Privat, et occupe le plateau situé entre les cavailles en Campariau, fut possédée, jusqu'en 1776 par le chapître de Saint-André-de-Bordeaux ; ce domaine s'accrut même par la cession de plusieurs pièces de terre, au profit des bénéficiers de l'église St-Michel, de St-Eloi, et d'un prêtre nommé de Satoury. Il y avait dans la maison une petite chapelle qui existe encore.

A la date indiquée, il fut acheté 61,000 livres par M. le chevalier Dié-Labat de Savignac, et payé à chacun des copropriétaires, suivant la valeur de son lot.

C'est par suite de cette vente opérée à temps, que cette propriété échappa, en 1790, à la confiscation des biens du clergé.

La propriété Billaudel, voisine de l'église de Cenon appartenait, avant la Révolution, aux R.-P. de la Merci, établis à Bordeaux, quartier St-Siméon, de 1510 à 1515. En 1615 ils en firent l'achat pour la somme de 30.000 livres ; au levant elle confrontait à la chapellenie de l'église Ste-Colombe, et au couchant au Cypressat : 21 journaux de vignes, autant d'aubarèdes, maison à trois chambres, chapelle pratiquée dans un pavillon. Vers 1784 les R. P. représentés par le P. St. Espès, commandeur, et le P. Boyer, syndic, concèdent à M. Despiet, curé de Cenon, qui venait de faire reconstruire le Presbytère, l'établissement d'un passage de charrette, sur un terrain appartenant à la communauté, le long du mur du cimetière, à la charge, pour le curé, de donner tous les ans à la communauté, trois bastes de vendange rouge (titre de vente).

Le 7 octobre 1790, vente forcée des biens du clergé, ordonnée par le district de Bordeaux : le sieur Gémain est déclaré adjudicataire de ce beau domaine pour la somme de 60.000 livres. — En 1806 ce domaine est la propriété de M. Souzan. En 1823, le propriétaire est M. Deschamps, constructeur du Pont de Bordeaux, qui fit rebâtir en entier l'habitation.

M. Deschamps est l'aïeul de *M. Billaudel*, propriétaire actuel.

C. — Les titres de la propriété de *M. Billaudel* m'ont révélé l'existence d'une chapellenie dont il ne restait ni trace ni souvenir à Cenon ; un titre de vente des archives départementales l'a confirmée.

Les sieurs Tranchard et Bouchet, Bourgeois de Bordeaux et paroissiens de l'église Ste-Colombe, cèdent à perpétuité, le 22 octobre 1655, à M. Jacques Bouchet, son frère, curé de Ste-Colombe, et aux bénéficiers *Branne* et *Dormevide*, pour eux et leurs successeurs, à l'avenir, le domaine dit de Colomb, confrontant d'un côté aux Pères de *La Merci*, et de l'autre au Chemin de *Cenon* à *Artigues*, et deux journaux d'aubarèdes, touchant du côté Nord aux aubarèdes de Lestrilles ; il est question de messes fondées par M. de Pichon.

En 1669, affaires contentieuses de *Jean Moulinié*, syndic de *Ste-Colombe*, à propos de ce domaine.

En 1746, un neveu de M. Bouchet y institue des messes pour le repos de l'âme de son grand-oncle. Et le 3 mars 1791, le domaine est vendu comme bien national au prix de 18,000 livres.

Noms des propriétaires successifs : *Fourmond, Joly* et *Rozier*.

D. — Les Bénéficiers de St-Michel possédaient dans les Queyries une métairie importante nommée de *Lignayres* : 17 journaux de vignes vimières, etc. : Elle fut vendue le 3 mars 1791 au profit de la Nation et achetée par *Dubarry* au prix de 60,500 livres.

Les Grands Carmes possédaient aussi un domaine qui fut vendu par adjudication le 27 septembre 1791, au prix de 42,000 livres.

La Fabrique de Cenon possédait une maison à La Bastide, qui fut vendue également, 9,800 livres le 23 avril 1793, ainsi qu'une propriété du sieur *Biré*, prêtre émigré, vendue 9,170 livres, le 18 prairial, an IV.

Le Presbyière de Cenon ne pouvait échapper à la confiscation générale ; elle eut lieu plus tard et par ordre, non du directoire du district, mais par ordre du Département.

Le 6 Messidor de l'an IV de la République, *Cassy* en devint acquéreur, par adjudication, au prix de 6,000 livres. Propriétaires successifs : Messieurs Pauilhac et Bussières.

Il est de tradition, dans les républiques, de désaffecter aussi les biens d'autrui, mais cela ne leur profite guère.

II.

Etat religieux de la Paroisse.

Dans la phase précédente nous venons de parler de Cenon comme commune. J'ai extrait des archives des documents remontant bien haut.

Je crois en avoir suffisamment dit pour montrer l'importance de cette localité. Je vais dire aussi brièvement que possible ce qu'elle était au point de vue religieux.

Je trouve dans mes notes que de 1630 à 1847, 14 archevêques ont gouverné le diocèse.

Je ne puis m'attarder à des détails qui m'éloigneraient de mon sujet. Je ne puis pas cependant ne pas profiter de l'occasion pour dresser un petit tableau que beaucoup liront avec plaisir.

TABLEAU DES ARCHEVÊQUES DE BORDEAUX

Henri II de Sourdis	1630 à 1645
Henri III de Béthune	1646 à 1680
Louis de Tourlemont	1680 à 1697
Bazin de Bezon	1698 à 1719
Paulmy d'Argental	1719 à 1728
Cazaubon de Maniman	1729 à 1743
d'Audubert de Lusson	1743 à 1769
Mériadec de Rohan	1769 à 1781
Pierre Pacarrau (constitutionnel)	1791
Champion de Cicé	1781 à 1802
d'Aviau	1802 à 1826
Lefevre de Cheverus	1826 à 1836
Donnet	1836

Malgré les efforts des sectaires à détruire, dans

notre ville, les souvenirs catholiques, mes lecteurs se complairont à voir que quelques unes des rues et places de notre cité portent encore les noms qu'on vient de lire.

*
* *

J'ai sous les yeux la nomenclature des nombreux curés et vicaires qui ont exercé leur ministère depuis l'époque précitée. Elle se compose de 21 curés et 44 vicaires. Je ne veux parler ici que de M. l'abbé André Vergés, qui fut nommé curé de cette paroisse en 1829 ; entrer dans la nomenclature des autres, serait allonger ce chapitre sans en augmenter l'intérêt.

En 1842, le besoin se faisant sentir, l'administration diocésaine jugea à propos de créer, rue de la Benauge, au quartier dit la Bastide, une chapelle de secours qui, sans cesser d'appartenir à la commune de Cenon, aurait un desservant spécial. Cette desservance fut laissée au choix de M. l'abbé Vergés, qui opta pour La Bastide où il s'installa avec son vicaire, M. Chambon.

La cure de Cenon fut donnée à M. l'abbé Touchard.

Pour n'avoir pas à revenir sur ce sujet, je crois devoir mentionner ici que, jusqu'à l'époque où la paroisse de La Bastide fut annexée à la ville de Bordeaux, le clergé faisait les prières des sépultures en son église et conduisait le cortège mortuaire jusqu'au point de séparation entre La Bastide et Cenon, où le curé de Cenon recevait la dépouille mortelle pour l'ensevelir dans son cimetière.

Dire tous les changements qui se sont opérés dans ce quartier : en commune, en paroisse, puis son annexion à la ville de Bordeaux, cela m'entraînerait hors de mon sujet ; je n'en dirai pas davantage et je reviens à Cenon.

En 1860, Monsieur l'abbé Latour succéda à M. l'abbé Touchard, et administra la paroisse jusqu'en 1868. A cette époque, M. l'abbé Manceau fut appelé à la direction du cher troupeau qu'il a conduit avec le zèle, la patience, le dévouement que tout le mon-admire encore aujourd'hui.

III.

Légitimes inquiétudes de la population, de la Municipalité et du Pasteur.

Jusqu'à l'année 1880 le chiffre de la population de Cenon resta stationnaire (environ 1.500 âmes). A partir de cette époque il se fit un grand mouvement. Les chantiers maritimes, établis dans cette partie reculée de la Bastide, qui était restée attachée à la Paroisse de Cenon, prirent une importance considérable ; d'autres industries furent créées et le bon Pasteur voyait, du haut de son presbytère, grossir sans cesse cette partie de son troupeau groupée au bas de la côte. La population ouvrière s'accrut dans de telles proportions qu'en 1897 on comptait près de 5.000 habitants. Dès ce moment, une pétition revêtue de nombreuses signatures d'électeurs, recueillies dans cette partie de la commune, fut adressée au maire à l'effet d'obtenir l'autorisation de construire une chapelle.

Cette pétition était accompagnée d'une délibération du Conseil de fabrique de l'Eglise de Cenon exprimant le même vœu.

Pour des raisons sur lesquelles il est inutile de revenir, la pétition, même avec cet appui fortement motivé, ne fut pas accueillie favorablement, au grand regret des signataires, mais elle était l'expression d'un désir trop légitime pour ne pas attirer l'attention de l'autorité religieuse, toujours soucieuse de l'intérêt du peuple.

Cet insuccès inspira à M. le chanoine Herman, le vénéré curé de La Bastide, dont la paroisse était limitrophe de celle de Cenon, la pensée d'établir sur son territoire une chapelle de secours. Son Eminence le Cardinal Lecot ayant approuvé ce projet, M. le curé fit appel aux R. P. Rédemptoristes et les pria de venir se fixer dans ce quartier, et sur *l'avenue* pour donner pleine satisfaction à tous.

Ces saints religieux vinrent aussitôt. Ils ne tardèrent pas à recueillir toutes les sympathies ; leur parole simple et apostolique, qui rappelait l'inoubliable mission qu'ils ont prêchée en notre ville, faisait accourir de nombreux fidèles ; ils soulageaient les misères du voisinage par d'abondantes aumônes.

Ils commençaient à faire un bien réel qui aurait, à la longue, amené l'assainissement moral de la banlieue, lorsqu'un *décret d'expulsion*, parti de Paris, vint les disperser et du même coup détruire leur œuvre.

Leur départ provoqua de vives protestations, et des manifestations bruyantes de regrets qu'on n'a point encore oubliées, et le quartier se voyait de nouveau privé de tout service religieux ; mais Dieu sait tirer le bien du mal, nous allons le voir.

IV

La construction de la Chapelle.

Dès ce jour, il devint évident que la construction d'une chapelle de secours s'imposait en principe ; mais il était facile de prévoir les nombreux obstacles qui se présenteraient à son exécution. C'est la Providence qui se chargea de les aplanir.

Qui eut pu penser alors que le premier résultat de la séparation de l'Eglise et de l'Etat eut été la création d'une loi favorable à ce projet ? De par cette loi nouvelle, l'Etat n'a plus le droit d'intervenir dans les questions de construction d'église. En se conformant aux lois cette liberté absolue est un réel avantage dont on s'est empressé de profiter pour ouvrir de nouveaux sanctuaires dans un grand nombre de villes de France. A Bordeaux, notamment, n'avons-nous pas, déjà, l'érection de la chapelle Saint-Victor, dans le quartier Ste-Eulalie, où les besoins de la population étaient réellement sérieux, d'autres sont en voie d'exécution. Une seule autorisation est nécessaire, celle de l'autorité ecclésiastique, juge, en dernier ressort, de l'utilité du nouveau centre religieux.

Son Eminence le Cardinal Lecot, ayant donné son plein consentement au projet de Monsieur le curé de Cenon, il fallut trouver un emplacement dont l'accès fut facile à tous. Monsieur Brunereau, un des propriétaires du quartier, a été, dans le cas présent, l'homme de la Providence ; il céda généreusement un terrain qui réunissait les conditions désirables.

Il est de mon devoir de me faire l'écho des bénéficiaires de cet acte généreux, et de lui adresser ici les remerciements les plus sincères de tous. Oui, tous les habitants lui garderont un souvenir reconnaissant pour ce don important qui, avec le bien moral, apporte au quartier un surcroît de vie, une plus grande valeur aux propriétés avoisinantes, plus de prospérité aux industries locales.

C'est à Monsieur Carde, constructeur très en renom dans le monde industriel, que nous devons la construction de cette jolie chapelle. Il n'entre pas dans ma mission de le suivre dans son travail ; les visiteurs sont unanimes à louer son mérite.

V.

Bénédiction de la Chapelle,
Dimanche 4 Octobre 1908.

Les travaux de la chapelle n'étaient pas terminés, mais étaient cependant à un point où le vénéré Pasteur crut pouvoir se rendre convenablement aux pieux désirs de ses paroissiens, et y célébrer le très saint sacrifice de la messe. Il se concerta, à ce sujet, avec Monseigneur Berbiguier, vicaire général, et il fut décidé que cette cérémonie aurait lieu le dimanche 4 octobre. Mais il était urgent de fixer, au préalable, sous quel vocable cette chapelle serait placée. Mgr le Grand Vicaire ne balança pas un instant, et proclama Notre-Dame de Lourdes patronne du sanctuaire et protectrice du quartier. A cette ouverture, M. le curé tressaillit de bonheur, et livra son cœur à la plus douce et la plus grande espérance.

On était à la veille du jour béni. Mgr le Vicaire Général conseilla à M. le Curé de donner au sanctuaire la forme de la grotte de Lourdes. Mais le temps étant trop court, M. Brisson, auquel ce travail fut confié, ne put en faire qu'un simulacre très imparfait. Plus de temps et la générosité des fidèles aidant permirent de remplacer ce travail par celui que nous voyons aujourd'hui et qui est pour tous la parfaite similitude de la grotte de Massabielle.

Cette bénédiction a été l'occasion d'une splendide et inoubliable manifestation de foi, tant de la part des habitants de Cenon, que de ceux de Bordeaux, venus de tous les coins de la grande ville. On remarquait avec plaisir, dans l'assistance, d'abord le président de la fête, Mgr Berbiguier, vicaire général, qu'on ne saurait trop louer de sa haute bienveillance, comme de la bonne inspiration qu'il a eue d'avoir donné un si heureux vocable à ce sanctuaire. On y voyait encore plusieurs membres du clergé, habitués à donner à Monsieur le Curé cette marque de très ancienne affection : Messieurs les chanoines Boyer, Monteil et Gilard.

La cérémonie a commencé à 8 heures. Tous les rites que l'Eglise déploie en pareille circonstance ont été exactement suivis, les murs de ce charmant édifice ont reçu l'eau sainte à l'extérieur comme à l'intérieur. Pendant ce temps le nombreux auditoire chantait des psaumes et les litanies des Saints.

La bénédiction achevée, Mgr Berbiguier s'est adressé aux fidèles dont la joie d'avoir enfin un lieu de culte tout près de lui, se lisait sur tous les fronts.

Dans un langage plein d'élévation et d'élan, que nous regrettons de ne pouvoir reproduire *in-extenso*, Mgr le Vicaire Général a montré le démenti infligé chaque jour à certains *prophètes* qui prédisent encore aujourd'hui la fin de l'Eglise, puisque partout se multiplient de nouveaux centres du culte, soit dans la ville, soit dans la banlieue. Il a retracé les services nombreux qu'allait rendre au quartier le nouvel édifice consacré à Dieu.

Après ce beau discours, religieusement écouté, le bon Pasteur de la paroisse a célébré le Saint-Sacrifice de la messe, pendant laquelle on a chanté des cantiques populaires : (Nous voulons Dieu ; Vois à tes pieds Vierge Marie ; et enfin comme c'était bien de mise ! *l'Ave Maria de Lourdes.)*

A la communion on a été heureux de voir que plusieurs personnes se sont approchées de la Sainte-Table, prémices, on l'espère, de bien d'autres communions dans la suite.

Puis le Pasteur s'est tourné à son tour vers la foule. Un hymne de reconnaissance est sorti de son cœur vers Dieu, d'abord, de qui découle tout don parfait ; vers Mgr le Vicaire Général, dont le zèle s'est si chaudement épanché, vers les bienfaiteurs connus ou inconnus, présents ou absents, qui l'ont aidé à mener cette œuvre à bonne fin. Je cite de nouveau, particulièrement, M. Brunereau et sa famille, qui a donné généreusement le terrain sur lequel est bâtie la nouvelle chapelle.

Puis tout le monde s'est retiré, l'âme heureuse, se donnant rendez-vous pour le soir.

*
* *

Pendant ce temps, les habitants, sachant le nouveau bonheur qui leur était préparé, l'arrivée de Sa Grandeur Mgr Barthet, l'infatigable auxiliaire de notre archevêque, Mgr Lecot, retenu au loin, mais de cœur à notre fête, ornaient, avec un empressement qu'on ne saurait trop louer, la rue qui conduit à la chapelle. Un arc de triomphe était dressé à l'entrée ; une longue banderolle portait ces mots : *Honneur à Monseigneur.*

Un autre se dressait devant la façade de l'église, et tout le long couraient des guirlandes de feuillage qu'avaient dressées les mains de *pieuses fées.*

Dès deux heures de l'après-midi, la foule affluait pour la cérémonie qui comportait le baptême d'une cloche, par Mgr Barthet, et la bénédiction d'une statue de N.-D. de Lourdes.

Deux nouveaux amis de Monsieur le Curé ont voulu, eux aussi, lui donner une preuve de leur fraternelle amitié : Monsieur l'abbé Fourgeaud, curé de Floirac, et Monsieur l'abbé Léglise, curé de Gensac, ancien vicaire de La Bastide.

On peut bien évaluer à 500 le nombre des personnes qui se tassaient dans la nef de la chapelle, sans compter celles qui n'avaient pu prendre place dans l'intérieur. Après une chaleureuse et paternelle exhortation de Sa Grandeur, dans laquelle furent prodigués les meilleurs conseils pour rester toujours bons chrétiens, le Prélat consécrateur se rendit près de la cloche, installée sur son campanile provisoire et ornée de tous les atours de l'enfant qu'on porte à l'église pour recevoir les onctions saintes qui font les chrétiens. Bientôt la nouvelle baptisée, qui venait de recevoir le nom de Bernadette, fit entendre ses premiers sons qui furent accueillis avec grande joie par toute l'assemblée. Elle

ne tarda pas, avec sa voix clairette, de faire entendre le cri que la petite bergère de Bartrez avait
poussé ; elle était l'interprète de Marie Immaculée
qui avait dit :

— Je veux que beaucoup de monde vienne ici !

— Volonté bien comprise puisque, à l'heure qu'il
est, le monde tout entier est accouru à ce béni sanctuaire. A la voix de cette clochette le monde entier
ne viendra certainement pas ici, mais pas un des
habitants de la contrée ne voudra se refuser ce
bonheur.

Après la bénédiction de T.-S. Sacrement qui ter-
mina cette belle cérémonie, une autorisation fut
donnée à l'assemblée de faire entendre, chacun à
son tour, le son argentin de la gentille Bernadette.
Personne ne se fit prier. Il était édifiant de voir ce
charmant défilé passer joyeux, en donnant le branle
au battant de la petite cloche et se retirer, empor-
tant dans le fond de son cœur un souvenir inoubliable de cette fête dont le symbole s'étalait dans toutes les mains sous la forme d'une fleur, pieux larcin,
enlevée à la robe de la nouvelle baptisée ou de celles que la piété avaient répandus tout autour du
trône rustique de l'Immaculée.

*
* *

Je viens de donner les intéressants détails de la
magnifique fête du dimanche 4 Octobre ; il est un
point sur lequel je dois revenir, c'est sur les belles
et émouvantes proclamations qui sortaient de la
bouche et du cœur de Monseigneur Berbiguier, pen-

dant la belle et longue cérémonie du Baptême de la cloche destinée à appeler au sanctuaire les fidèles désireux d'y venir prier Marie Immaculée. Pendant que sa Grandeur Monseigneur Barthet procédait aux longues cérémonies du Baptême, Monseigneur le Grand Vicaire présidait de la chaire la récitation du chapelet. A chaque dizaine il ranimait la piété de la nombreuse assistance par des élans d'amour et de confiance en Marie Immaculée. A une de ses exhortations, il s'écria : Ayons confiance, mes frères, nous sommes ici à Lourdes et comme à Lourdes mettons nos bras en croix. A la fin de la dizaine, il ranima les espérances de tous en la puissante bonté de Marie qui, certainement, opérerait ici des prodiges comme elle en opère à la grotte, si, comme à Lourdes, on y apportait la foi, l'espérance et l'amour de Dieu ; car je proclame ma pensée en disant que Marie Immaculée avait choisi Lourdes comme siège privilégié, mais elle ne retirait pas sa protection pour qui la prie ailleurs.

Nous lisons dans l'histoire qu'un roi de France, Saint-Louis, voulant se mettre à la portée de tous, avait choisi le pied d'un arbre de la forêt où il donnait audience à n'importe qui avait à lui parler, ce qui ne l'empêchait pas de travailler n'importe où, au bonheur de ses sujets.

Je ne puis pas ne pas citer, ici, un fait qui a vivement ému l'assistance, mais je me sens incapable d'égaler l'entrain qu'y a mis Monseigneur le Vicaire Général :

« C'était en l'année (?), deux médecins se trouvaient à Lourdes comme on en voit souvent, venus là pour constater par eux-mêmes l'exactitude de ce que l'on dit sur les miracles.

Ils se tenaient aux piscines lorsqu'ils virent arriver Monseigneur l'évêque de (?), venant pour se plonger lui-aussi dans l'eau miraculeuse. Saisis d'étonnement et en même temps d'un sentiment difficile à dépeindre, ils s'adressèrent respectueusement à l'évêque : « Monseigneur, Votre Grandeur voudra bien attendre qu'on renouvelle cette eau dans laquelle ont été mis plusieurs malades.

« Messieurs, répondit l'évêque sur un ton des plus humbles et laissant voir la vive foi qui l'animait, Messieurs, je ne suis pas venu ici pour prendre en bain de propreté ».

Monsieur le Grand Vicaire ajouta que, le soir, les deux médecins se sont présentés à l'évêque et lui ont demandé de bien vouloir les entendre en confession.

On me demande souvent : verrons-nous des miracles ici ? Je réponds : Pourquoi pas ? La Sainte Vierge a-t-elle dit à Bernadette : « qu'elle ne donnerait qu'à Lourdes des preuves de sa puissance et de son amour pour la pauvre humanité ? »

Je me plais à répéter ce que j'ai déjà dit plus haut : ayons la foi, l'espérance et l'amour de Dieu, et nous verrons des miracles. Qui oserait affirmer qu'il n'y en a pas eu déjà quelques-uns.

Chronique de la Chapelle.

Pour expliquer l'accroissement considérable, et je ne crains pas de dire miraculeux, qui s'est accentué depuis le 4 octobre 1908 jusqu'à ce jour — neuf mois — je crois utile de faire lire à mes lecteurs un extrait du Bulletin Paroissial du 24 novembre 1908, que le bon curé envoie régulièrement à ses paroissiens :

« Voilà un mois à peine que notre chapelle a été inaugurée. Cette fête a laissé en tous ceux qui y ont pris part un souvenir inoubliable. Depuis, l'ardeur pieuse qui amenait tant d'âmes aux pied de N.-D. de Lourdes, ne s'est pas ralentie. Nous n'avions voulu construire qu'une chapelle de secours et voici qu'elle devient un véritable pèlerinage, ainsi que nous l'avait prédit, le jour de l'inauguration, Mgr Berbiguier. Chaque dimanche, à la messe de 8 heures, elle est remplie de fidèles venus, soit de la partie de Cenon, qui se trouve au bas de la côte, soit de la partie de la Bastide, qui se trouve entre les deux barrières.

« Le jour de la Toussaint il y a eu deux messes ; à la première de nombreuses personnes se sont approchées de la Sainte Table; ce fut la première communion générale. La deuxième messe, à 10 heures, était à titre d'essai ; l'assistance était moins nombreuse, mais assez, cependant, pour voir là un encouragement à la maintenir les jours de grandes fêtes.

« Tous les soirs du mois, à 4 heures, il y avait plus nombreuse assistance encore que le matin ; ce sont les Bordelais qui dominent et qui sont venus faire leur pèlerinage à N.-D. de Lourdes.

« Elle a reçu aussi la visite de plusieurs congrégations de jeunes filles, dont une de St-Louis en particulier. Pendant tout le mois d'octobre le rosaire a été récité et la bénédiction donnée tous les soirs. L'assistance a été toujours suffisante pour cela, et certains jours elle dépassait la centaine.

« Le dimanche 25 octobre a eu lieu une charmante fête, la consécration des enfants du quartier à N.-D de Lourdes, et la remise, à chacun, d'une médaille comme souvenir ; plus de 500 médailles ont été distribuées. »

(Extrait du Bulletin Paroissial du 24 novembre 1908.)

* *

Le nombre des pieux visiteurs s'accroissant chaque jour, les bienfaiteurs se sont révélés.

La chronique donne de nombreux détails sur les dons qui sont offerts. Je me borne à les énumérer, m'abstenant de nommer les donateurs. On comprend que c'est prudence de ma part : — des objets destinés au culte, lampes, suspensions, linges d'autel, vases sacrés, ornements splendides, stations du chemin de croix, vitraux remarquables (1) tout cela

---

(1) De la Maison Feur, successeur de l'ancienne et renommée Maison Villiet, peintre verrier.

indice certain de ce que la Divine Providence réserve à notre Sanctuaire.

Je ne puis pas ne pas rendre un hommage bien mérité à l'artiste qui a mis son talent au service de la charmante chapelle (1).

J'ai dit il y a peu de temps, et je me plais à le redire : — *Rien ne sert de courir, il faut partir à point.*

C'est le bon Lafontaine qui, dans son judicieux et spirituel recueil de fables, nous l'a dit.

Si tous les fondateurs d'œuvres, à notre époque, suivaient ce précepte, ils feraient meilleure route et avec plus de succès. Mais ils créent et veulent jouir instantanément. L'exemple du passé ne rend pas plus raisonnable et plus prudent : On a essayé les bataillons scolaires, échec complet. A peu près à la même époque on a voulu la Société des jeunes apprentis, nouvel échec et plus désastreux. Depuis quelque temps un nouvel essai est tenté ; l'avenir nous dira ce qu'il vaut.

Pour sa chapelle, le bon Curé de Cenon s'y est pris prudemment. Il a construit d'abord, très bien. Il y voulait la grotte de Lourdes, mais n'ayant pas les moyens de se la procurer, et se trouvant à là veille de la bénédiction du monument, il se contenta d'un provisoire très imparfait ; tout le monde en convenait, même le bon curé.

____

(1) M. Leduc, rue des Trois-Conils, n° 50, Bordeaux, peintre décorateur, et entrepreneur de peinture de bâtisse.

Et voilà que, grâce à Dieu et à la générosité des nombreux fidèles, tout arrive à souhait. Le provisoire a disparu et est remplacé par une œuvre qui me donne l'occasion de rendre hommage à l'artiste dont j'ai, plus haut, commencé l'éloge, qui a eu le talent de faire disparaître la blancheur des murs par de ravissantes peintures, et dont le sanctuaire est un véritable chef-d'œuvre qui nous transporte, comme par enchantement, sur les bords du Gave, à l'entrée de la Grotte Massabielle. Rien d'étonnant à cela, parce que ce cher artiste est un enfant de la Maison de Famille des Soldats d'il y a vingt ans environ, auquel j'ai voué une affection toute particulière, il est un des nombreux enfants que je me plaisais à conduire tous les ans à Lourdes, et qui s'est inspiré des souvenirs que lui ont laissé ces délicieux moments.

Je n'entreprends aucune description, elle serait froide et incomplète. Non seulement le sanctuaire, mais la chapelle, sont devenus un objet d'admiration pour le public qui s'empresse à s'y édifier et à y prier.

VII.

Allez boire à la fontaine et vous y laver.

Nous sommes à Lourdes, s'est écrié Mgr le Vicaire Général, le 4 octobre, après la bénédiction du nouveau Sanctuaire. Dès cet instant, le bon Curé a senti son cœur s'ouvrir à l'espérance et sans hésiter se détermina à faire ici tout ce ce qui pourrait rappeler la grotte de Massabiolle.

Nous avons vu, depuis le commencement de cet opuscule, toutes les phases traversées par l'élaboration de ce travail ; nous n'avons pas à revenir sur ce qui a été dit, mais une chose préoccupait d'autant plus le bon Curé qu'il était persuadé ne pouvoir la réaliser.

Il repassait dans sa mémoire l'attendrissante scène d'une des apparitions de Marie Immaculée à Bernadette, le 25 février 1858, il la voyait contemplant à genoux la céleste vision avec un sentiment d'amour indicible, un sentiment doux et profond qui inondait son âme de délices, et il se rappelait que c'était précisément durant cette apparition que la bergère entendit ces paroles dont on ne comprit pas tout d'abord la portée : Allez boire à la Fontaine et vous y laver.

Nous ne pouvons pas entrer dans le récit des événements extraordinaires qui se sont produits sur ce coin des Pyrénées à la suite des mystérieuses paroles que nous venons de dire, et comment, d'un sim-

ple filet d'eau à peine perceptible une source abon-
dante jaillit maintenant et fournit aux besoins des
malades qui, des quatre coins du monde, recourent
à cette eau miraculeuse comme à une source inépui-
sable de santé et de vie. . . . .
. . . .
. . . .
. . . .

Ici nous n'avons point la piscine de Lourdes. La
main d'une enfant prédestinée n'a point, sur l'ordre
de la Vierge, fait jaillir de votre sol une source d'eau
vive. Mais celle de Massabielle y pourvoiera, elle
inonde aujourd'hui le monde et les merveilles qu'elle
opère ne se comptent plus.

Le bon curé en était là de ses réflexions lorsque je
lui suggérai l'idée de *canaliser* vers le sanctuaire de
Cenon cette eau bienfaisante. Voici comment il mit
cette idée en pratique.

Il demanda à l'administration de la grotte de
Lourdes une certaine quantité de bouteilles qu'il
tient à la disposition des fidèles dans la sacristie de
Cenon (Lourdes).

Ici, comme à Lourdes, l'eau ne coûte rien.

VIII.

Messe Mensuelle
de la Confrérie de N.-D. des Armées.

Avant de terminer cet opuscule, je crois utile de rappeler ici sommairement que l'Œuvre des Soldats a été saintement honorée du titre d'Archiconfrérie par bref de Sa Sainteté Léon XIII (1).

Désireux de faire profiter notre Association des avantages de l'Archiconfrérie, je fus dans la nécessité de la faire ériger canoniquement en Confrérie.

J'adressai dès lors une demande à son Eminence, notre bien vénéré Cardinal d'alors, Mgr Ferdinand Donnet, qui m'honora de la réponse que je suis heureux de reproduire ici :

TITRE CANONIQUE
Enregistré sous le n° 355.

« Nous, Ferdinand-François-Auguste Donnet, par la grâce de Dieu et du siège Apostolique, Cardinal-prêtre de la Sainte-Eglise romaine, du titre de Sainte *Marie in viâ*, Archevêque de Bordeaux, Primat d'Aquitaine.

« Vu la lettre qui nous a été adressée par M. l'abbé Boyer, chapelain de notre Eglise primatiale, Aumônier de l'Hôpital militaire de Bordeaux, à l'effet d'obtenir,

(1) Voir le numéro du 1er Mai 1879 des Annales.

pour l'Association de N.-D. des Armées, l'érection canonique en Confrérie ;

« Vu les témoignages éclatants donnés à cette Œuvre par Sa Sainteté Léon XIII ;

« Désireux de favoriser de tout notre pouvoir le développement d'une Association si utile, et de seconder le zèle aussi actif que prudent de M. l'abbé Boyer ;

« Avons ordonné et ordonnons :

« *Article 1er*. — L'Association de N.-D. des Armées est érigée en Confrérie.

« *Article 2*. — Les réunions de la dite Confrérie auront lieu dans la chapelle de N.-D. du Mont-Carmel, à la Primatiale.

« *Article 3*. — Une indulgence de quarante jours est accordée aux associés qui réciteront un *pater* et un *ave* pour la conservation de la foi et des mœurs dans l'armée française, en y ajoutant l'invocation :

N.-D. des soldats, priez pour eux.

« Donné à Bordeaux dans notre palais Archiépiscopal, sous le seing de notre Vicaire Général, le sceau de nos Armes et le contre-seing du Secrétaire Général de notre Archevêché, le 7 janvier 1881. »

P. GERVAIS.

Par mendement de Son Eminence,

A. CH. PETIT,

Chanoine, Secrétaire Général.

L'Archiconfrérie prit alors son essor avec un élan digne de tous éloges ; les archives de cette Confrérie contiennent des preuves éclatantes de ce que j'annonce.

J'en cite une : — J'ai sous les yeux le registre où sont inscrits les noms des associés. Je suis à la date du 31 décembre 1898, et j'y vois le nº : *Dix mille quatre cent cinquante-deux.* (10.452).

Mais depuis cette époque, jusqu'à nos jours, les inscriptions n'ont augmenté que de *trois cent trente-un.* (331).

D'où vient ce ralentissement d'inscription ?... Cela vient de l'installation d'une multitude d'œuvres nécessitées par les besoins de notre époque, s'emparant de l'autel de la Confrérie à l'encontre de l'ordonnance archiépiscopale que nous avons citée plus haut ; M. l'Aumônier était obligé de dire sa messe tantôt à un autel, tantôt à un autre ; dès lors il avait la douleur de ne plus voir à cette messe qu'un nombre très restreint de fidèles.

Mais la Providence, dans son admirable génie, pourvoit à tout.

Je m'étais dévoué de tout cœur à aider mon vénérable ami, M. le Curé de Cenon, pour l'ornementation de sa chapelle.

L'affluence toujours grandissante des fidèles, que nous avons constatée dans le cours de cet opuscule, récompensa nos efforts et, pour répondre à ce concours, j'ai dû adresser à l'administration diocésaine une demande de transfert dans la chapelle de N.-D. de Lourdes des privilèges attachés à la chapelle du

Mont-Carmel à la Primatiale, ce qui m'a été accordé avec empressement par la lettre qui suit :

Bordeaux, 1er Novembre 1908.

Monsieur et bien Vénéré Chanoine,

« Je suis très heureux de vous annoncer officiellement que le privilège que vous demandez par votre honorée de ce jour vous est accordé, et que désormais les membres de la Confrérie de N.-D. des Armées jouiront dans le sanctuaire de Lourdes (Cenon) des privilèges qui leur étaient octroyées dans celui de la Primatiale (Chapelle N.-D. du Mont Carmel). »

Ollivier, *Secrétaire Général.*

Ce que je viens de dire, et ce que mes lecteurs ont vu dans dans le courant de cet opuscule, nous donne l'espérance qu'avec le temps, la volonté des associés d'assister à cette messe se fortifiera de plus en plus.

Les objections qu'on pourrait faire ne sont pas nombreuses. Une seule paraît avoir de la valeur, elle n'en a pas.

Pour arriver à la chapelle, nous l'avons dit, il suffit de prendre le tram de l'avenue Thiers qui y conduit dans quelques minutes.

Les grâces qu'on va demander à N.-D. de Lourdes, les intéressants conseils qu'on y reçoit sont une récompense suffisante à ce que l'on pourrait appeler une fatigue et qui n'en est pas.

TABLE DES MATIÈRES